FACULTÉ DE DROIT DE PARIS.

Thèse

pour la Licence.

L'acte public sur les matières ci-après sera soutenu,
le vendredi 14 juillet 1854, à trois heures,

Par Marie-Joseph-Hubert DE VAYSSE DE RAINNEVILLE.

Président : M. DE PORTETS, Professeur.

Suffragants :
- MM. BUGNET,
- BRAVARD,
- DE VALROGER,
} Professeurs.
- DELZERS, Suppléant.

Le Candidat répondra en outre aux questions qui lui seront faites sur les autres matières de l'enseignement.

PARIS.

VINCHON, Fils et Successeur de Mme Ve BALLARD,
Imprimeur de la Faculté de Droit,
RUE J.-J. ROUSSEAU, N° 8.

1854.

A L'AUTEUR DE LA FABLE : *A MON PETIT-FILS.*

JUS ROMANUM.

DE REI VINDICATIONE.

Definitum est dominium : jus utendi, fruendi et abutendi, quatenus juris ratio patitur.

Proprietas possessioni sæpius jungitur, et duarum consolidatio plenum dominium constituit. Aliquando tamen distinguuntur, sive legaliter ut in usufructu, usu et habitatione (quæ aliter tractabuntur); sive tantum facto, et tunc dominus virtualiter habens possessionem, ad realiter habendam, ista actione utetur quæ rei vindicatio dicitur.

Rei vindicatio est actio in rem, quia contra defensorem non directe ex propria obligatione, sed tantum indirecte ut possessorem, agitur; illa quoque actio est arbitraria, id est judicanda non ex stricto jure, sed ex æquo et bono.

Dividetur thesis in quinque partes :

1° De re vindicanda;
2° De actoribus et defensoribus in rei vindicatione;
3° De necessariis actioni et defensioni conditionibus;
4° De restitutionem jubentis judicii accessoriis;

5° De eo quod statuitur in condemnatum defensorem qui non paret.

Inspiciendum erit deinde Publiciana in rem actio, quod est necessarium hujus thesis corollarium.

I. DE RE VINDICANDA.

Utilis est rei vindicatio in agenda restitutione omnium quæ in dominio esse possunt; id est quod vindicari possunt res omnes, tam mobiles quam immobiles, quæ sunt in commercio, nec res sacræ et religiosæ petere possumus.

Supra diximus quod rei vindicatio est actio in rem; ex hoc distinguitur filium inter et servum a patrefamilia repetendum. Servus est res; ergo vindicatione repeti potest. Filius res non est; ergo agetur alio genere actionis, verbi gratia prætoris interdictis.

Vindicatio pertinet ad res singulares. Ita universitas non potest vindicari, quod est universum juris. Jus tamen, quamvis sub aliquo respectu universitas ut aggregatio capitum, vindicationis tamen locum dare potest, quia non illic de juris universitate agitur.

Objectum tamen vindicationis rei certæ incerta pars esse potest, modo justa sit ignorantiæ causa; ita, si quarta Falcidiæ legis, indeterminata ex legatis distractione pars vindicatur.

In accessionis casu distinguere oportet, si res junctæ sive adjunctæ sint cohærentes aut separabiles. Etenim, si separari possint vindicatio est utilis, quia exstinctæ res vindicari nequeunt.

Domino cæmentorum quibus in solo suo quis ædificaverit, lex Duodecim Tabularum non dat vindicationem. Est tamen duplo condemnandum per actionem de tigno juncto, quem scientem alienum esse tignum, junxit illud ædibus. Sic ædificia solo cedunt; sed si dissolutum sit ædificium, recte vindicabit dominus cæmentorum, quia etsi domus usucapiatur, singula cæmenta non possunt.

II. DE ACTORIBUS ET DEFENSORIBUS IN REI VINDICATIONE.

Dominium acquiritur aut jure gentium aut jure civili : jure gentium per traditionem, etc... jure civili per solemnes modos. Ita, civilis actio vindicationis non competit cui traditam tantum rem mancipi per solemnes modos, et nondum per usucapionem acquisivit.

Vindicari potest pro parte; etenim domino juris pro parte juste competit pars actionis. Fundum nostrum quamvis sit alienus ususfructus potest vindicari, quod, ut aiunt Paulus et Julianus, nostrum esse jure dici potest, quod pro nulla parte alio est.

Supra vidimus actionem in rem esse vindicationem animadvertendum igitur quod actio confessoria servitutis, jus non prædium ipsum pro objecto habens, non est actio vindicationis sed actio sui generis.

Hæres de rebus successionis, etiam non possessis, est dominus, et igitur nostram actionem habet. Emptor agri venditi, non adhuc possessi, contra non habet, quia sola traditione perfecta venditio non est, ac perinde perfectum dominium.

Defensor ille est qui est possessor, ex qua causa possideat, et quum probaverit actor proprietatem, possessio necessario sibi est restituenda.

III. DE NECESSARIIS ACTIONI ET DEFENSIONI CONDITIONIBUS.

De Actione. Actori incumbit onus probandi. Possessor est naturaliter defensor, dum nihil amplius habet petendum. Actionis igitur ad validitatem necessarium est quod defensor sit possessor, aut dolo desierit possidere.

In restitutionis judicio quædam possessori cautiones sunt exhibendæ, videlicet si duo sint distincti petitores; prior, si vicerit, rem restitutam habebit; verumtamen possessori cautionem debebit in ea occurréntia qua posteriori vicissim res restitui judicaretur.

De defensione. Possessio in litis contestatæ tempore et judicii necessaria est ad validam restitutionis damnationem. Attamen, si sciens, rem possessor alienavit, aut dolo malo amisit, non aliter ac si alterius rem vendidisset condemnabitur.

Verum si justa evictione passus est possessor, tunc solum evictionis pretium, restitutionis erit objectum, ut in casu expropriatione pro publica utilitate.

Nunc inspiciendum est restitutionis et tempus et locus. — Res mobilis restitui debet a possessore bonæ fidei, ubi sit, aut ubi agatur, sed tunc petitoris sumptibus extra cibaria, verbi gratia pro navigatione et itinere : a possessore malæ fidei, illic sumptibus suis res restitui debet, unde subtraxerit.

Mora restitutioni ob justam causam a judice dari potest, ita, si paterfamilias pro filio aut servo possidens, damnatus in eorum absentia fuerit, — sed tunc cautiones a possessore petuntur, ut et in pluribus aliis causis, sic de servo non venenato.

IV. DE RESTITUTIONEM JUBENTIS JUDICII ACCESSORIIS.

Si res possessoris culpa deterior facta est, habebitur adversus eum actio in eadem lite, si non præfertur actio in duplum a lege Aquilia.

Omnes fructus malæ fidei possessor reddere debet, tam ante quam post litem contestatam perceptos ; verum bonæ fidæi possessor solos fructus, exstantes solum, litis contestatæ tempore, et quos deinde percepit præstare debet.

In fructuum æstimatione non quæritur an malæ fidei possessor fruitus est, sed an petitor loco possessoris frui poterit.

Impensæ necessariæ rei servandæ exceptione doli mali repetuntur a possessore, quum actor vult rem sibi præstare et sumptus negat.

Idem et in paribus casibus, verbi gratia si noxali judicio servum possessor defendit, et generaliter in omnibus casibus quum res aliena accessione mea sit per prævalentiam, cogar restitutioni ejus saltem quod plus valet.

V. DE EO QUOD STATUITUR IN CONDEMNATUM DEFENSOREM QUI NON PARET.

Ex restitutionis judicio, manu militari, actor possessionem requirere potest.

Si dolo suo possessor non potest restituere, in quantum adversarius juraverit, sine taxatione damnandus est. Si non est dolus sed culpa quanti res sit, nisi satisdet de lite persequenda contra novum possessorem, præstare debebit. Hoc est quasi transactio quæ intervenit in istis casibus, per quam dominus dominium cedit possessori illo pretio quod prior juravit rei esse, et cui posterior damnatus est.

Qui culpa non potuerit restituere, quia possessionem amisit, fueritque damnatus certo jurato pretio; actiones dominii sibi transferri requirere poterit, ut inde serius rem ipsam restituere possit, — sed sæpius utitur actione Publiciana quæ datur a prætore.

Publiciana in rem actio.

Publiciana actio (sic ex prætore Publicio vocata) est prætoriana actio, usucapionem supponens, et juris civilis instar efficiens. Hac Publiciana prætor utitur ad iis succurrendum, qui, quamquam stricto jure civili domini non sint, ex justa tamen causa possessionem adepti sunt. Hujus autem actionis quatuor sunt conditiones.

1° *Justa causa possessionis acquisitionis*. — Non omnis igitur justa causa sufficit, sed illa tantum usucapionis : sic, bonæ fidei emptoris, ejus etiam cui res nomine dotis tradita est, sive æstimata, sive non. Item, si res habetur ex causa judicati, vel solvendi, demum ex omnibus causis dominii acquirendi, si dominus fuisset traditor.

2° *Bonæ fidei traditio*. — Ut in usucapione requiritur tantum bona fides in emptionis tempore, et etiam si res est in successione, sufficit bona fides hujus cujus personam sequor.

3° *Quod res possit usucapi*. — Ita de rebus furtivis non est Publiciana actio, nec de servo fugitivo qui suæ personæ furtum fecit. Publiciana actione petuntur quæ longi temporis bonæ fidei possessione acquiri possunt, veluti vectigales agri et alia prædia tributaria quæ usucapi non possunt. Item, postea Publiciana utuntur de usufructu et urbanorum prædiorum servitutibus traditione vel patientia constitutis.

4° *Quod res nondum sit usucapta*. — Etenim Publiciana actio illic inutilis est, quia civilis jam est actio usucapionis. Tuetur tantum rei possessionem quæ ducit ad usucapionem, cujus nisi lex alienationem prohibeat, quia nil contra legem prætor facere potest.

Quædam reperimus exempla actionis istius adversus dominum acta; verbi gratia si rem ex quodam volente emero, qui postea tradere negavit.

Ex duobus idem ementibus, habebit cui traditum erit, etiam si sit posterior, quod, ut Julianus ait, melior est in pari causa, possidentis causa quam petentis.

QUÆSTIONES.

I. An bonæ fidei possessori utiles impensas restituere debet possessor? — Debere, sed in tantum quantum res melior effecta sit.

II. Cum bonæ fidei possessor fructus ante litem contestatam consumpsit vel tantummodo percepit, num in restitutionem tenetur? — Ad restitutionem cogi non potest.

III. Ex operis servi bona fide possessi an dominium nobis acquiritur? — Placuit acquiri ab eo qui eum ita possidet.

IV. An peculium ut grex vindicatur? — Non, sed ut res singulæ peti debet.

V. Si servum ex causa noxali, quia non defendebatur, jussio prætoris duxero, et amisero possessionem, an mihi competit Publiciana? — Publiciana competit.

VI. Justine dominii exceptione Publiciana repellitur? Ita sentit Paulus.

DROIT FRANÇAIS.

DE LA PROPRIÉTÉ.

L'origine de la propriété se trouve dans l'occupation. La propriété et la possession confondues dans le principe se distinguèrent bientôt.

Les Romains reconnaissaient dans la propriété : 1° *usus*, 2° *fructus*, 3° *abusus*.

Le Code civil ne distingue pas l'usage de la jouissance, c'est qu'en fait on ne trouve que rarement l'usage séparé de la jouissance.

La pleine propriété comprend les trois éléments précédents, cependant le dominium n'a qu'un élément esssentiel : l'abusus; les autres éléments peuvent être démembrés.—Selon qu'ils sont attachés directement à une personne, ou indirectement par la possession d'un fonds dominant, les démembrements de la propriété se distinguent en servitudes réelles ou personnelles.— Ces dernières, pour enlever toute idée de l'ancien servage féodal, prennent exclusivement le nom d'usufruit, usage ou habitation.

Nous avons défini la propriété, *jus utendi*, *fruendi* et *abu-*

tendi, quatenus ratio juris patitur. Cette restriction est la conséquence nécessaire de l'état de société. D'où suivent le droit d'expropriation, de concession de mines, garanti toutefois par l'enquête d'utilité publique.

Le Code compte cinq modes d'acquérir la propriété :

1° Succession ;
2° Donation ;
3° Effet des obligations ;
4° Accession :
5° Prescription ;

Nous y ajouterons : 6° la loi qui est quelquefois un mode particulier d'acquérir, lorsqu'au lieu de permettre seulement la transmission du droit, elle l'effectue elle-même de plein droit ; ainsi, dans le cas où le père et la mère acquièrent l'usufruit des biens de leurs enfants mineurs ;

7° L'occupation, qui, quoiqu'elle semble proscrite par l'article 713, se retrouve évidemment dans les articles suivants sur la pêche, la chasse, le trésor et les épaves.

Enfin, dans le 3° de l'effet des obligations, il faudrait distinguer deux modes différents d'acquérir : la convention dans la vente de corps certains, et la tradition qui éloignée en principe est cependant un mode particulier d'acquérir dans le cas de vente de chose indéterminée.

Parmi ces huit modes d'acquérir, six sont dérivés, c'est-à-dire supposent l'aliénation, la transmission d'une propriété déjà appartenant à un autre ; deux seulement, l'accession et l'occupation, sont des modes primitifs.

I. DE L'OCCUPATION.

L'occupation est un mode d'acquérir la propriété, par la prise de possession d'une chose, qui n'appartient à personne, dans l'intention d'en devenir propriétaire.

Sont exceptés par l'art. 713 les immeubles qui n'ont pas de maître, et les biens des personnes décédées sans héritiers, dont la possession revient à l'État.

Mais il est des choses que le droit romain appelle communes, qui peuvent être acquises par l'occupation. — Appliquée aux choses inanimées, l'occupation prend le nom d'invention; à l'égard des choses animées, elle a lieu par la chasse et la pêche.

I. *Invention.*

A l'invention se rapportent le trésor, les épaves ordinaires, les épaves maritimes.

1° *Trésor* s'entend de toute chose cachée ou enfouie sur laquelle personne ne peut justifier de son droit de propriété, et qui est découverte par le pur effet du hasard.

Ces trois conditions sont nécessaires; ainsi, il faut que la chose soit cachée ou enfouie ; un sac d'argent perdu sur une grande route n'est donc pas un trésor. — Si les circonstances indiquaient le maître de la chose enfouie ou cachée, même découverte par le seul effet du hasard, il n'y a pas encore lieu à trésor. — Enfin, ce n'en est pas non plus le cas, si la chose cachée ou enfouie est trouvée à la suite de fouilles faites à dessein; mais remarquons qu'il n'est pas permis d'en faire à cet effet sur le terrain d'autrui.

Le trésor n'appartenant à personne, mais pouvant être considéré d'ailleurs comme l'accessoire du fonds, le Code combinant les deux systèmes, déclare une moitié de trésor acquise par accession au propriétaire, une moitié à l'inventeur par occupation.

Le trésor n'est pas un fruit. Donc, l'usufruitier n'en profite pas. Donc, trouvé sur un propre, il profite pour une moitié à la communauté, regardée ici comme inventeur, pour l'autre moitié en propre à l'époux, même quant à l'usufruit.

2° *Épaves ordinaires* sont les différents objets mobiliers qui se trouvent perdus, égarés, et dont le propriétaire n'est pas connu. Autrefois attribuées au roi, ou seigneur, elles sont, par décision du ministre des finances, en date du 3 août 1825, déposées au greffe ; et, si elles ne sont pas réclamées, remises à l'inventeur après trois ans.

Mais cette ordonnance de 1825 ne s'applique qu'aux cas d'épaves non prévus. Ainsi, subsiste le décret du 13 août 1810, qui ordonne la dénonciation à la régie des objets restés dans les bureaux des voitures publiques, après six mois de non réclamation ; la vente un mois après l'annonce desdits objets faite dans les journaux ; et le versement dans les caisses de l'État, qui deviendra définitif dans les deux années de la vente. Subsistent encore deux ordonnances royales, l'une du 22 février 1829, l'autre du 9 juin 1831, prescrivant la vente des objets mobiliers déposés au greffe, et non réclamés dans les six mois du jugement définitif ; le versement du prix de la vente est déposé à la Caisse des dépôts et consignations, et acquis à l'État après trente ans. Subsiste encore la loi du 30 juin 1833, qui acquiert à l'État, après huit ans de non réclamation, les sommes confiées à la poste.

3° *Épaves maritimes* sont les objets jetés à la mer et retrouvés dans les eaux ou sur le rivage. L'ordonnance de 1681 établit diverses catégories quant à ces objets : les uns appartiennent immédiatement à l'inventeur, quand ils ne sont pas réclamés dans les deux ans de la dénonciation faite par l'inventeur ; les autres pour un tiers à l'inventeur immédiatement, et les deux autres tiers à l'État, s'ils ne sont pas réclamés dans un an et jour. Tels sont les objets provenant du jet ou bris d'un navire. — Les varechs et herbes croissant sur le rivage appartiennent au premier occupant, si elles sont détachées sur le rivage ; aux habitants des communes limitrophes, si elles sont encore attachées au rocher.

Les épaves des rivières navigables et flottables sont recueillies par les gardes forestiers ou gardes-pêche, et vendues dans le mois au profit du Domaine, s'il n'y a pas eu réclamation.

2° *Chasse.*

Chez les Romains, on acquérait la propriété des animaux tués à la chasse par occupation; puisque, au contraire, les animaux apprivoisés, c'est-à-dire possédés, ne pouvaient être ainsi acquis à moins qu'ils n'eussent perdu l'esprit de retour.

Jusqu'en 1789, le droit de chasse fut un privilége exclusif de la noblesse, garanti par les peines les plus sévères. La loi du 4 août 1789 étend à tous propriétaires le droit de colombier et de chasse sur les terres qui leur appartiennent. — Ce premier droit est limité par l'obligation de renfermer les pigeons à certaines époques, sinon, on peut les tirer sur son terrain comme tout autre gibier. — Quant au droit de chasse, la loi de 1844 est venue le concilier avec trois grands intérêts qu'il fallait sauvegarder : la sécurité publique, la protection des récoltes et la conservation du gibier.

L'obligation du port d'armes délivré par le préfet sur l'avis du maire et du sous-préfet, et refusé dan certains cas, réprime le braconnage. — La prohibition de la chasse pendant un certain temps de l'année, et l'ouverture et fermeture déterminées par arrêtés préfectoraux d'après l'état des récoltes, sont de sages dispositions. De là naît la défense de colporter et vendre du gibier dans les mêmes temps, et le droit de perquisitions qui peuvent être faites chez les aubergistes et marchands de comestibles.

Par respect pour le domicile, la loi a permis une exception aux prohibitions de chasse pendant certain temps de l'année, dans le cas de parcs clos de murs. — La chasse à courre et à tir est seule permise. — Tous filets et appeaux sont défendus, excepté dans la chasse aux lapins par bourses et furets.

Les peines portées par la loi sur la chasse sont : la confiscation des armes et la destruction des instruments prohibés, l'amende dans tous les cas, qui peut être portée au double en cas de récidive, c'est-à-dire en cas de condamnation dans l'année précédente, la saisie du gibier dans certains cas, enfin, facultativement pour le tribunal, la privation de permis de chasse pendant cinq ans.

La constatation du délit de chasse se fait par les maires et adjoints, les gendarmes, gardes forestiers, gardes-pêche, gardes particuliers, et par les employés des contributions directes et octrois. Le ministère public poursuit d'office les délits constatés par les procès-verbaux, car il s'agit d'infractions à des lois d'ordre public. Il y a cependant une exception pour le cas où le délit serait de chasser sur le terrain d'autrui, le propriétaire est supposé consentant jusqu'à ce qu'il ait déposé plainte. — Indépendamment de ce mode d'agir par le ministère public, on peut saisir directement le tribunal correctionnel sans intervention du ministère public. — La prescription de l'action relative aux délits de chasse est de trois mois.

L'usufruitier et le fermier ont droit de chasse, même à l'exclusion du propriétaire, si celui-ci ne se l'est pas réservé, car ils profitent des produits des fonds, et d'ailleurs, la faculté de chasser étant de droit naturel, n'est défendu que par respect à la propriété, qui, dans le cas de fermage ou d'usufruit, ne porte aucune nouvelle atteinte à la propriété. — Le droit de chasse peut être constitué à une personne déterminée, mais non en général au propriétaire d'un fonds, car les servitudes réelles sont proscrites par l'art. 686.

3° *Pêche*.

La pêche est comme la chasse une application du droit d'occupation, et considérée par le Code comme un attribut de la propriété. — On distingue trois sortes de pêche : la pêche maritime, la pêche fluviale et la pêche dans les étangs.

La pêche maritime régie par l'ordonnance de 1681 peut s'exercer librement dans la mer, sur le rivage et même dans le lit des fleuves jusqu'au point où les eaux cessent d'être salées. La pêche dans les étangs appartient exclusivement au propriétaire, *jure soli*. La pêche fluviale, comme accessoire du droit de propriété, appartient à l'État ou au propriétaire riverain, selon que le cours d'eau est ou non navigable et flottable. Entre deux propriétaires riverains, le droit de pêche se limite d'après le milieu du cours d'eau. Il est défendu de barrer la rivière, ce qui entraverait l'exercice du droit du voisin. Par raison d'utilité publique, d'alimentation, le gouvernement prohibe la pêche en certains temps, en certaines heures, l'emploi de certains engins et filets dont les mailles n'ont pas une dimension déterminée, enfin l'usage d'appâts ou substances propres à détruire le poisson. La pêche à la ligne flottante et tenue à la main, considérée comme inoffensive et d'amusement public, est permise en tous lieux et en tous temps, hors celui de frai. L'État par une déclaration de navigabilité peut enlever le droit de pêche aux riverains, qui auront droit à indemnité, compensation faite des avantages qu'ils en peuvent retirer. Peuvent constater les délits de pêche : les gardes champêtres, les agents de l'administration ou gardes particuliers, les éclusiers des canaux et officiers de police judiciaire. Parmi ces délits, il faut distinguer ceux de dépeuplement des rivières, où le procès-verbal est absolu ; et ceux provenant du fait de pêche sans permission, et dont la poursuite est relative à la plainte portée ou non par le propriétaire. Les peines sont les mêmes que celles que nous avons énumérées à propos des délits de chasse, et l'affaire portée aussi devant le tribunal correctionnel.

DE L'ACCESSION.

L'accession n'est pas un nouveau mode d'acquérir la propriété, car l'axiôme : *accessorium sequitur principale*, n'est qu'une application du grand principe : *extinctæ res vindicari non possunt*. En effet, examinons les cas cités par Justinien, et nous y retrouverons l'occupation ou la continuation de la propriété.

Le droit de propriété du maître de la mère sur les petits, n'est qu'une conséquence du droit de propriété qui embrasse nécessairement tous les produits de la chose possédée.

L'alluvion n'est pas non plus un cas d'accession. — C'est si bien par occupation que nous devenons propriétaires, que, si le champ est limité, le propriétaire supposé, dans l'intention de ne pas étendre uniquement sa propriété, n'acquerra pas l'alluvion, au contraire de ce qui aurait lieu dans un cas d'accession. De même, la possession de l'île formée au milieu des eaux n'est que l'exercice de la propriété du propriétaire, qui est censée se prolonger sous les eaux.

Quant à la spécification, elle rentre dans le grand principe que nous énoncions tout à l'heure. En effet, si la chose peut être ramenée à l'état primitif, elle n'est pas éteinte ; donc, on peut la revendiquer ; mais si, au contraire, elle ne peut y être ramenée, la chose est éteinte, partant ne peut plus être revendiquée. — Ainsi s'applique la loi qui régit la spécification, sans besoin de recourir à l'accession.

La théorie de l'accession, quoique légèrement fondée en droit comme en raison, a été transportée du droit Romain dans notre Code civil. Nous avons donc à étudier le droit d'accession sur les produits de la chose, et le droit d'accession par la spécification, c'est-à-dire par l'incorporation à une chose, soit mobilière, soit immobilière.

1° *Du droit d'accession sur les produits de la chose.*

Le propriétaire d'un fonds a droit aux fruits naturels et civils. Les fruits naturels sont ceux que la terre produit, auxquels il faut ajouter le croît des animaux ; — fruits civils sont ceux qui se perçoivent non directement par la chose, mais indirectement, à l'occasion de la chose, comme les loyers, les fermes, les intérêts et arrérages. — La loi prétend que nous acquérons les fruits par accession ; mais il est bien plus simple de voir là une conséquence naturelle du droit de propriété, qui permet de jouir de sa chose dans toute sa plénitude. — Quoi qu'il en soit, il est un cas où la jouissance des fruits consommés, et même seulement perçus en droit français, n'appartient pas au propriétaire : c'est celui où la chose se trouve entre les mains d'un étranger, qui la possède de bonne foi, car, s'il en était autrement, il devrait tous les fruits, même ceux qu'il n'a pas acquis, et dont le propriétaire aurait usé à sa place. — Maintenant, voyons quelle est la bonne foi requise pour l'acquisition des produits ; elle diffère de celle nécessaire pour la prescription de propriété par dix et vingt ans, en ce qu'elle peut s'appuyer sur un juste titre vicieux de forme, et en ce qu'il faut bonne foi à chaque nouvelle perception, tant du possesseur que de son héritier.

II. — DU DROIT D'ACCESSION PAR LA SPÉCIFICATION.

1° *Relativement aux choses immobilières.*

La propriété du sol emporte la propriété du dessus et du dessous. Des restrictions sont apportées à cet art. 552 par la loi sur les mines ; mais de là, les présomptions que les plantations et constructions appartiennent au propriétaire du sol, qui partant sera défendeur dans ces questions. De plus, nous avons admis dans notre droit la législation des Douze Tables, qui, par un motif d'utilité publique, veut que toute plantation, même non enracinée, ou tous matériaux appartenant à un autre et employés même sciemment, deviennent la propriété de celui qui a bâti ou planté sur son terrain, sauf indemnité, bien entendu. Dans l'hypothèse contraire, c'est-à-dire, si un tiers a fait avec ses matériaux des constructions ou des plantations sur le terrain d'autrui, nous appliquerons toujours le principe : *quod solo inœdificatum est solo cedit.* Mais il faut distinguer si le constructeur était de bonne foi ou non, car il est une grande différence dans les deux cas. Si le constructeur était de bonne foi, le propriétaire ne peut le forcer à enlever ses constructions, il devra payer la plus-value ou les dépenses ; si, au contraire, il était de mauvaise foi, le propriétaire peut le forcer à enlever les constructions et souvent même à y ajouter une indemnité, s'il n'aime mieux les conserver et rembourser les dépenses.

Les règles précédentes s'appliquent au fermier qui est évidemment un constructeur de mauvaise foi ; le propriétaire aura donc le choix de lui faire enlever les constructions, ou de lui rembourser les dépenses. Mais, quant à l'usufruit, la question est controversée. On dit qu'en droit romain on suivait la loi : *si quid inœdificaverit, postea eum neque tollere hoc, neque refigere posse.* C'était aussi la règle dans notre ancien droit, qui pensant que l'usufruitier connaissait la casuité de son droit, voulait qu'il n'eût bâti que dans l'intention d'user pendant son usufruit et d'abandonner après. Mais l'art. 599 dont on arguë pour soutenir aujourd'hui cette doctrine, ne s'applique qu'aux simples améliorations ; l'art. 555 subsiste donc toujours à l'égard de l'usufruitier, qui est considéré nécessairement comme un constructeur de mauvaise foi, d'après la règle générale à laquelle, comme nous venons de le dire, l'art. 599 ne porte pas exception.

Les accroissements et attérissements qui se forment successivement et imperceptiblement aux fonds riverains, s'appellent alluvion. L'alluvion des rivières non navigables et flottables appartient au propriétaire riverain ; l'alluvion des rivières navigables et flottables de même au riverain, mais toujours avec la servitude du chemin de halage qu'il faudra reculer. L'alluvion de la mer appartient à l'État, propriétaire des côtes. L'alluvion n'existe pas dans les étangs, parce qu'il n'y a pas de courants susceptibles de charier des terres, et que les bords et limites de l'étang sont invariablement déterminés par la hauteur de la décharge.

Le champ enlevé par les eaux et reconnaissable peut être revendiqué pendant un an ; après ce laps de possession sans réclamation, il est prescrit par le riverain. Le droit Romain considérait qu'il y avait prescription du moment où les plantations avaient repris racine.

Quelques jurisconsultes soutiennent le droit de propriété de l'Etat sur les petites rivières. Ils se fondent surtout sur l'article 563 qui veut que le lit abandonné devienne l'indemnité des propriétaires envahis. L'Etat dispose, donc il est maître ; mais ce n'est là, ce nous semble, qu'une restriction apportée au droit de propriété concédé aux riverains par la loi de 1804, et que l'Etat lui-même tenait de la loi de 1789 comme succédant aux droits féodaux.— En effet, nous voyons partout ailleurs des preuves de la propriété des riverains : les îles appartiennent aux riverains, la contribution foncière est payée jusqu'au milieu du cours d'eau, etc.

L'article 564 relatif aux pigeons, lapins, poissons, semble dire que le propriétaire du colombier, de la garenne ou de l'étang ne sera propriétaire qu'autant qu'il ne les aurait pas attirés par fraude ou artifice. Mais ces animaux sont impossibles à revendiquer dans la masse des autres, c'est une chose éteinte, partant la propriété en est perdue, sauf indemnité, bien entendu.

2° *Du droit d'accession relativement aux choses mobilières.*

Les choses mobilières se prescrivant instantanément, lorsqu'elles ne sont ni volées, ni perdues, ni possédées de mauvaise foi, ce n'est que dans ces derniers cas seulement qu'il peut y avoir lieu à l'accession. De même s'il était intervenu entre les propriétaires des choses unies une convention quelconque, on se réglera d'après cette convention indépendamment de toutes les règles ci-dessous.

Examinons maintenant les principaux cas d'accession : adjonction, spécification, mélange.

Adjonction.— (566-569).— L'adjonction est l'union de choses séparables et continuant de former des individus distincts ; ici la règle : *accesorium sequitur principale*, sauf au propriétaire de la principale à payer le prix de l'accessoire. Est réputée principale, la chose à laquelle une autre n'a été unie que pour l'usage, l'ornement ou le complément ; si ce moyen de distinction ne suffit pas, sera regardée comme telle la chose qui a le plus de valeur, ou enfin celle qui a le plus de volume.— Cependant, il y aurait exception aux règles précédentes, si l'accessoire était infiniment supérieur en valeur; ainsi j'aurais le droit de revendiquer mon diamant uni à votre épée ; mais il faut que je ne sois pour rien dans l'adjonction, autrement je pourrais vous obliger à me céder votre diamant, sauf indemnité. Si les choses unies étaient de même valeur, nous appliquerions les règles du mélange dans les deux cas de séparabilité et indivisibilité.

Spécification (570-572). — La spécification est l'emploi de la matière d'autrui à la formation d'une espèce nouvelle. Entre le travail et la matière, la partie principale sera en général la matière ; ce sera au contraire l'industrie si son prix surpasse de beaucoup la valeur de la matière, et cela, sans regarder comme à Rome si cette matière peut ou non reprendre sa première forme.

Dans le cas où quelqu'un forme une nouvelle espèce de la matière d'autrui, et de la sienne propre, si l'industrie est chose très principale, elle l'emporte; sinon celui-là est le propriétaire du tout, dont la matière soit seule, soit réunie à la main-d'œuvre, a beaucoup plus de valeur ; si au contraire les valeurs sont à peu près égales, il y a mélange.

Mélange (573-574). — Le mélange est la fusion de deux matières appartenant à plusieurs, confondues dans toutes leurs parties et sans travail d'intelligence ; ce qui établit la différence avec la spécification et l'adjonction. Comme précédemment le propriétaire de la matière principale non séparable gardera le tout, sauf indemnité. Enfin, en règle générale, pour nos trois cas, remarquons que les propriétaires de matières formant une chose commune ont le droit d'exiger le partage ou la licitation, parce que l'on n'est jamais forcé de rester dans l'indivision. Il est encore à observer que celui qui a mélangé de bonne foi ne devra jamais que la chose même ou son prix ; mais, s'il était de mauvaise foi, il doit des dommages-intérêts, indépendamment de la poursuite criminelle qui peut être intentée contre lui pour vol ou abus de confiance.

QUESTIONS.

I. La mauvaise foi du possesseur doit-elle nuire à ses héritiers ? — Non.

II. L'accession est-elle en réalité un moyen d'acquérir la propriété ? — Non.

III. Les cours d'eau qui ne font pas partie du domaine public appartiennent-ils à l'État ou aux riverains ? — Aux riverains.

IV. Le trésor doit-il être considéré comme une chose *nullius* ou comme un accessoire du fonds où il a été découvert ? — Les lois qui régissent cette matière sont empruntées à ces doubles principes.

V. L'occupation est-elle une manière d'acquérir la propriété ? — Oui.

VI. L'usufruitier et le fermier ont-ils le droit de chasse ? — Oui.

Vu par le Président,
DE PORTETS.

Vu par le Doyen,
C.-A. PELLAT.

www.ingramcontent.com/pod-product-compliance
Lightning Source LLC
Chambersburg PA
CBHW070538050426
42451CB00013B/3069